Obejmując burzę

Wiatry zmian wyją i szaleją,
Ale w ich furii, znajdują nowy
etap,
Dla ciebie, wojowniczki,
silnej i odważnej,
Aby unieść się ponad dawne
historie.

Twoja siła nie tkwi w utraconej
miłości,
Lecz w zdobytych lekcjach,
i poniesionych strat,
W odnalezieniu siebie i tego czym
możesz się stać,
Feniksem wolnym i wyzwolonym.

DZIEN .... *15 marca 2023*

Drogi pamiętniku,
Jestem tu z mieszanką emocji - smutkiem, niepokojem i nutką niepewności. Dzisiejszy dzień jest oficjalnym startem mojej podróży rozwodowej. Trudno uwierzyć, że życie, które kiedyś znałam, jest już za mną i jestem zmuszona zacząć wszystko od nowa. Kiedy zastanawiam się nad przeszłością, przypominają mi się wszystkie szczęśliwe chwile, które dzieliliśmy jako rodzina. Śmiech, wspomnienia, nocne rozmowy o naszych marzeniach i aspiracjach. Jak każda historia, nasza również ma swoje mroczne rozdziały. Kłótnie, łzy, poczucie uwięzienia i duszenia się. Patrząc w przyszłość, nie jestem pewna, co przyniesie przyszłość. Czy będę w stanie współpracować z byłym partnerem? Czy moje dzieci będą miały się dobrze? Czy będę w stanie ponownie odnaleźć szczęście? W tym dzienniku mam nadzieję przetworzyć swoje emocje, śledzić postępy i zyskać jasność co do tego, co mnie czeka. Zapisywanie moich myśli i uczuć zawsze było dla mnie terapeutyczne i mam nadzieję, że będzie takie również dla ciebie.

MYŚLI O DNIU:

- Jakie myśli sprawiają mi największy niepokój
- Jakie są moje kwestie niepodlegające negocjacjom związane z rodzicielstwem?
- Jakie masz plany i marzenia dotyczące nowego życia?

LISTA ZADAŃ DO WYKONANIA:

- Zaplanować spotkanie z byłym w celu omówienia ustaleń dotyczących wspólnego rodzicielstwa
- Zacznę szukać aplikacji i zasobów dotyczących współrodzicielstwa.
- Poświęcić trochę czasu na zadbanie o siebie i nadanie priorytetu własnemu dobremu samopoczuciu..

PLAN AKCJI:

Jutro wezmę głęboki oddech i skoncentruję się na jednej rzeczy na raz. Będę priorytetowo traktować potrzeby moich dzieci i pracować nad budowaniem pozytywnych relacji współrodzicielskich z moim byłym. A gdy wszystko inne zawiedzie, będę pamiętać, że jestem <u>silna, zdola i zasługuję na szczęście.</u>

MYŚLI KOŃCZĄCE:

Zamykając dzisiejszy dziennik, przypominam sobie, że ta podróż dopiero się zaczyna. Nie będzie łatwo, ale z każdym krokiem naprzód będę o krok bliżej do uzdrowienia, rozwoju i znalezienia nowej rzeczywistości.

ŻYCIE SKŁADA SIĘ W 10% Z TEGO, CO CI SIĘ PRZYDARZA I W 90% Z TEGO, JAK NA TO REAGUJESZ.
CHARLESA R. SWINDOLLA

Rozdział 1 : Leczenie emocjonalne i dbanie o siebie

- Rozpoznaj swoje uczucia i pozwól sobie na smutek.
- Ćwicz samoopiekę, aby zmniejszyć stres i niepokój.
- Stwórz krąg wsparcia z przyjaciółmi i rodziną.
- Skup się na świadomym kontrolowaniu emocji.

M o j e   z a p i s k i

DATA: ....

Kochany pamiętniku,

MYŚLI O DNIU:

LISTA ZADAŃ DO WYKONANIA:

PLAN AKCJI:

MYŚLI KOŃCZĄCE:

Przyjęcie smutku:

Kiedy zaczynasz ten nowy rozdział, pamiętaj, że smutek jest naturalnym i niezbędnym krokiem w kierunku uzdrowienia – pozwól sobie poczuć emocje i wiedz, że wyjdziesz z niego silniejszy i mądrzejszy.

Ćwiczenia:

- Poświęć 10-15 minut na spokojne siedzenie w wygodnym miejscu. Zamknij oczy i weź powolne, głębokie oddechy.
- Pozwól sobie zidentyfikować i zaakceptować uczucia, które masz (np. smutek, złość, ulgę...)

- Zapisz swoje myśli i uczucia:

- Przemyśl te kwestie:

Jak się teraz czuję?

Jakie wspomnienia przychodzą mi na myśl?

Jakie uczucia próbuję powstrzymać lub uniknąć?

- Weź kilka chwil na głębokie oddechy, a kiedy będziesz gotowy, powoli otwierz oczy.

DATA: ....

Kochany pamiętniku,

MYŚLI O DNIU:

LISTA ZADAŃ DO WYKONANIA:

PLAN AKCJI:

MYŚLI KOŃCZĄCE:

Podstawowe zasady dbania o siebie

"Przejmij kontrolę nad swoim samopoczuciem, nadając priorytet dbaniu o siebie - twoje ciało, umysł i duch będą ci wdzięczne za uwagę".

Ćwiczenia:

- Weź spokojną kąpiel lub prysznic, korzystając z uspokajających olejków eterycznych (np. lawendy, rumianku).
- Aby się zrelaksować, zrób delikatne ćwiczenia rozciągające lub jogę. Posłuchaj uspokajającej muzyki lub dźwięków natury przez 10–15 minut.
- Przygotuj sobie filiżankę ciepłej herbaty lub gorącej czekolady i po prostu ciesz się tym czasem.

M o j e   z a p i s k i

DATA: ....

Kochany pamiętniku,

MYŚLI O DNIU:

LISTA ZADAŃ DO WYKONANIA:

PLAN AKCJI:

MYŚLI KOŃCZĄCE:

Tworzenie systemu pomocy

 Znajdź ludzi, którzy Cię motywują i wspierają, i zawsze poproś o wsparcie, kiedy go potrzebujesz – nie jesteś sam w tej podróży.

Ćwiczenia:

- Porozmawiaj z bliską osobą, taką jak zaufany przyjaciel, członek rodziny lub grupa wsparcia, aby wyrazić swoje emocje.
- Dołącz do społeczności online lub forum dla kobiet w trudnych sytuacjach, aby skontaktować się z innymi, którzy rozumieją, co przeżywasz.
- Spędź czas na kontakcie z naturą, przechadzając się, wyruszając na wędrówkę lub po prostu siedząc w parku.

M o j e   z a p i s k i

DATA: ....

Kochany pamiętniku,

MYŚLI O DNIU:

LISTA ZADAŃ DO WYKONANIA:

PLAN AKCJI:

MYŚLI KOŃCZĄCE:

Uważność i medytacja:

Pielęgnuj praktykę skupienia i medytacji, aby wyciszyć umysł, uspokoić ciało i obudzić swoją wewnętrzną siłę".

Ćwiczenia:

- Pobierz aplikację do medytacji (np. Headspace, Calm) i medytuj z przewodnikiem przez 5–10 minut.
- Wykonuj ćwiczenia uważnego oddychania, skupiając się na oddechu przez 5–10 minut.
- Zaangażuj się w aktywności, które sprawiają Ci przyjemność i relaks, takie jak czytanie, malowanie lub zabawa ze zwierzakami.

M o j e   z a p i s k i

DATA: ....

Kochany pamiętniku,

MYŚLI O DNIU:

LISTA ZADAŃ DO WYKONANIA:

PLAN AKCJI:

MYŚLI KOŃCZĄCE:

Oto 6 przepisów na herbatę na relaksującą noc, każdy z mieszanką uspokajających składników, które pomogą Ci się zrelaksować i zasnąć:

Przepis 1: Lawendowy Sen

1 łyżeczka suszonych płatków lawendy, 1 łyżeczka kwiatów rumianku, 1 szklanka wrzącej wody, miód do smaku.

Zalej lawendę i rumianek gorącą wodą i pozostaw na 5 minut, a następnie odcedź i dosłódź miodem. Ta herbata działa relaksująco i uspokaja umysł.

Przepis 2: Mieszanka na sen

1 łyżeczka korzenia kozłka lekarskiego, 1 łyżeczka liści melisy, 1 szklanka wrzącej wody, miód do smaku.

Zanurz korzeń kozłka lekarskiego i melisę w gorącej wodzie przez 5-7 minut, następnie odcedź i dosłódź miodem. Napój ten pomaga regulować rytm snu i zapewnia spokojny sen.

Przepis 3: Uspokajacz napięcia

1 łyżeczka liści mięty pieprzowej * 1 łyżeczka kwiatów passiflory * 1 szklanka wrzącej wody * Miód do smaku

Miętę pieprzową i passiflorę zalewamy gorącą wodą i pozostawiamy na 5-7 minut, po czym odcedzamy i słodzimy miodem. Ta herbata łagodzi napięcie i uspokaja nerwy.

Przepis 4: Rumiankowa przyjemność

2 łyżeczki rumianku * 1 szklanka wrzącej wody * Miód do smaku

Kwiaty rumianku namaczamy w gorącej wodzie przez 5-7 minut, potem odcedzamy i słodzimy miodem. Ta herbata to klasyczny środek relaksacyjny, który zapewnia spokój i redukuje niepokój.

Przepis 5: Herbata Trance

1 łyżeczka korzenia kozłka lekarskiego, 1 łyżeczka kwiatów chmielu, 1 szklanka wrzącej wody, miód do smaku.

Korzeń kozłka i chmiel należy zalać gorącą wodą przez 5-7 minut, a następnie odcedzić i dosłodzić miodem. Ta herbata pomaga zasnąć głęboko i spokojnie.

Przepis 6: Mieszanka Spokoju

1 łyżeczka liści werbeny cytrynowej * 1 łyżeczka płatków lawendy * 1 szklanka wrzącej wody * Miód do smaku

Cytrynę i lawendę zalewamy gorącą wodą i pozostawiamy na 5-7 minut, a następnie słodzimy miodem. Ta herbata działa relaksująco, uspokaja umysł i koi ciało.

DATA: ....

Kochany pamiętniku,

MYŚLI O DNIU:

LISTA ZADAŃ DO WYKONANIA:

PLAN AKCJI:

MYŚLI KOŃCZĄCE:

Oto kilka dodatkowych wskazówek dotyczących uzdrowienia emocjonalnego i samoopieki po rozwodzie.

Leczenie emocjonalne:

- Pozwól sobie na smutek: Zaakceptuj, że opłakiwanie utraty małżeństwa i życia, które kiedyś prowadziłeś, jest w porządku.
- Bądź dla siebie życzliwy: Traktuj siebie z empatią i zrozumieniem, tak jak bliskiego przyjaciela w trudnych chwilach.
- Rozpoznawaj i wyrażaj emocje: Uznaj i wyraź swoje uczucia, niezależnie od tego, czy jest to smutek, złość czy ulga.
- Przebacz sobie i swojemu byłemu: Pozbądź się poczucia winy, wstydu i urazy, przebaczając sobie i swojemu byłemu błędy z przeszłości.
- Znajdź wsparcie: Otwórz się na pozytywne relacje z ludźmi, którzy Cię wspierają i rozumieją, co przeżywasz.
- Zastanów się nad powodami rozwodu i tym, czego nauczyłeś się z tego doświadczenia.
- Ćwicz skupienie: Skup się na teraźniejszości i pozbądź się żalu z przeszłości lub zmartwień o przyszłość.

M o j e   z a p i s k i

DATA: ....

Kochany pamiętniku,

MYŚLI O DNIU:

LISTA ZADAŃ DO WYKONANIA:

PLAN AKCJI:

MYŚLI KOŃCZĄCE:

Troska o zdrowie: samozachowanie.

- Daj pierwszeństwo snu: zapewnij sobie odpowiednią ilość snu, aby pomóc ciału i umysłowi w regeneracji po stresie i emocjonalnym zamieszaniu.
- Regularnie trenuj: Zaangażuj się w aktywność fizyczną, która sprawia ci radość i pomaga zmniejszyć stres.
- Zdrowe odżywianie: Skup się na jedzeniu zrównoważonej diety pełnej składników odżywczych, które wspierają Twoje dobre samopoczucie fizyczne i psychiczne.
- Zachowuj nawodnienie: Pij dużo wody w ciągu dnia, aby pozbyć się toksyn i utrzymać zdrową skórę.
- Ćwicz techniki relaksacyjne: Korzystaj z metod takich jak głębokie oddychanie, medytacja lub joga, aby uspokoić umysł i zmniejszyć niepokój.
- Zaangażuj się w hobby: Weź udział w zajęciach, które sprawiają ci radość i pomagają odwrócić twoją uwagę od negatywnych myśli.
- Ustal granice: Określ zdrowe granice ze swoim byłym partnerem i innymi osobami, aby zadbać o swoje emocjonalne samopoczucie.

Moje zapiski

DATA: ....

Kochany pamiętniku,

MYŚLI O DNIU:

LISTA ZADAŃ DO WYKONANIA:

PLAN AKCJI:

MYŚLI KOŃCZĄCE:

Dodatkowe porady:

- Stwórz nową rutynę: Znajdź nową codzienną rutynę, która pomoże wprowadzić strukturę i stabilność do Twojego życia.
- Pozostaw kontakt z przyjaciółmi i rodziną: Bądź w otoczeniu bliskich, którzy dbają o Ciebie i mogą Cię wesprzeć emocjonalnie.
- Rozważ terapię: Znajdź specjalistyczną pomoc, aby przepracować skomplikowane emocje i opracować strategie radzenia sobie.
- Ćwicz wdzięczność: Codziennie zastanów się, za co jesteś wdzięczny, aby pielęgnować pozytywne nastawienie.
- Zadbaj o swój wygląd: Zajmuj się rzeczami, które sprawiają, że czujesz się dobrze, na przykład idź do fryzjera lub weź relaksującą kąpiel.
- Planuj na przyszłość: Zacznij planować swoją przyszłość, niezależnie od tego, czy wyznaczasz cele krótko-, czy długoterminowe.
- Ćwicz dobre samopoczucie: Traktuj siebie z miłością, współczuciem i zrozumieniem, tak jak bliskiego przyjaciela.

Pamiętaj, że powrót do zdrowia po rozwodzie wymaga czasu, cierpliwości i wysiłku. Bądź dla siebie wyrozumiały podczas przechodzenia przez ten trudny proces i nie wahaj się szukać pomocy, kiedy jej potrzebujesz.

Moje zapiski

DATA: ....

Kochany pamiętniku,

MYŚLI O DNIU:

LISTA ZADAŃ DO WYKONANIA:

PLAN AKCJI:

MYŚLI KOŃCZĄCE:

Rozdział 2: Rodzicielstwo i kontakt

- Komunikacja z byłym partnerem jest ważna dla dobra dzieci.
- Określ wyraźne granice, aby zachować pozytywne relacje ze swoim byłym.
- Bądź elastyczny i znajdź wspólny język z innymi.

M o j e   z a p i s k i

DATA: ....

Kochany pamiętniku,

MYŚLI O DNIU:

LISTA ZADAŃ DO WYKONANIA:

PLAN AKCJI:

MYŚLI KOŃCZĄCE:

Strategie współrodzicielstwa

Określając wyraźne granice i skutecznie komunikując się ze swoim byłym partnerem, możesz stworzyć spokojne środowisko wspólnego rodzicielstwa, które przyniesie korzyści wszystkim zaangażowanym.

Ćwiczenia:

- Określ trzy konkretne cele wspólnego rodzicielstwa ze swoim byłym partnerem, skupiając się na pozytywnych interakcjach i wspólnym podejmowaniu decyzji.

- Praktykuj uważne słuchanie podczas rozmowy ze swoim byłym partnerem, skupiając się na zrozumieniu jego perspektywy, bez wchodzenia w obronę.

Moje zapiski

DATA: ....

Kochany pamiętniku,

MYŚLI O DNIU:

LISTA ZADAŃ DO WYKONANIA:

PLAN AKCJI:

MYŚLI KOŃCZĄCE:

Sposoby komunikacji w trudnych rozmowach:

Podczas trudnych rozmów ze swoim byłym, ważne jest być szczerym, szanować i okazywać empatię – podejdź do rozmowy z otwartym sercem i umysłem.

Ćwiczenia:

- Zaplanuj trzy trudne rozmowy, które musisz odbyć ze swoim byłym, nadając priorytet najważniejszym.

- Praktykuj korzystanie z wyrażeń „JA" zamiast „TY", kiedy wyrażasz obawy lub potrzeby.

Moje zapiski

DATA: ....

Kochany pamiętniku,

MYŚLI O DNIU:

LISTA ZADAŃ DO WYKONANIA:

PLAN AKCJI:

MYŚLI KOŃCZĄCE:

Określanie granic:

Ustal wyraźne granice dla siebie i swoich dzieci, aby zachować dobre samopoczucie emocjonalne i zdrowe relacje – pamiętaj, że mówienie „NIE" jest w porządku.

Ćwiczenia:

- Określ trzy osobiste granice, które musisz ustalić ze swoim byłym, takie jak ograniczenie kontaktu lub ustalenie harmonogramu wizyt.

- Grając rolę, ustalaj granice z zaufanym przyjacielem lub członkiem rodziny.

M o j e   z a p i s k i

DATA: ....

Kochany pamiętniku,

MYŚLI O DNIU:

LISTA ZADAŃ DO WYKONANIA:

PLAN AKCJI:

MYŚLI KOŃCZĄCE:

Oto kilka dodatkowych wskazówek na temat wspólnego rodzicielstwa i komunikacji:

Porady dotyczące wspólnego rodzicielstwa:

- Zawsze stawiaj potrzeby dzieci na pierwszym miejscu.
- Kiedy podejmujesz decyzje, zawsze bierz pod uwagę dobro i potrzeby swoich dzieci.
- Określ wyraźne granice: ustal wyraźne zasady i konsekwencje, aby zapewnić spójność i stabilność swoim dzieciom.
- Bądź konsekwentny: Trzymaj się swoich stylów i zasad rodzicielskich, nawet gdy nie jesteście razem.
- Bądźcie otwarci w komunikacji: Dzielcie się ze sobą informacjami na temat codziennego życia, harmonogramów i zajęć swoich dzieci.
- Pokaż szacunek: Bądź miły dla siebie nawzajem, nawet jeśli nie zgadzasz się w pewnych kwestiach.
- Unikaj obwiniania i krytykowania: Skup się na rozwiązaniach, zamiast obwiniać się lub krytykować siebie nawzajem.
- Pracujcie razem jako zespół: Traktujcie wspólne rodzicielstwo jako wysiłek zespołowy, wspólną pracę na rzecz wychowania dzieci.
- Pokaż wdzięczność: Wyraź wdzięczność za wzajemne wysiłki i wkład w życie swoich dzieci.

DATA: ....

Kochany pamiętniku,

MYŚLI O DNIU:

LISTA ZADAŃ DO WYKONANIA:

PLAN AKCJI:

MYŚLI KOŃCZĄCE:

Porady dotyczące komunikacji:

- Używaj stwierdzeń „ja": Zamiast mówić „ty zawsze", powiedz „czuję", aby wyrazić swoje uczucia i myśli.
- Bądź uważnym słuchaczem: Zwróć uwagę na perspektywę drugiej osoby i pokaż, że słuchasz.
- Wyrażaj się jasno: Kiedy omawiasz problemy, powiedz dokładnie, co Cię niepokoi.
- Unikaj przypuszczeń: Nie przypuszczaj, że wiesz, co myśli lub czuje druga osoba; zapytaj, aby się upewnić.
- Korzystaj z technologii w mądry sposób: wykorzystuj technologię (np. współdzielone kalendarze, aplikacje), aby utrzymać porządek i kontakt, ale nie używaj jej jako zamiennika dla osobistego kontaktu.
- Planuj regularne spotkania: Regularnie organizuj rozmowy telefoniczne lub wideo, aby być na bieżąco z życiem innych i omawiać ważne tematy.
- Zachowuj spokój i cierpliwość: Podchodź do rozmów z empatią i cierpliwością, nawet jeśli omawiasz trudne tematy.
- W razie potrzeby szukaj pomocy: Nie wahaj się skorzystać z mediacji lub poradnictwa, jeśli masz problemy z efektywną komunikacją.

M o j e   z a p i s k i

DATA: ....

Kochany pamiętniku,

MYŚLI O DNIU:

LISTA ZADAŃ DO WYKONANIA:

PLAN AKCJI:

MYŚLI KOŃCZĄCE:

Dodatkowe wskazówki dotyczące efektywnego wspólnego rodzicielstwa:

- Utwórz umowę o współrodzicielstwie: Sporządź plan wspólnego rodzicielstwa, w którym określisz zasady, obowiązki i oczekiwania.
- Ustal plan dnia: Stwórz harmonogram codziennych obowiązków, takich jak pomoc w odrabianiu zadań domowych, godziny posiłków i czynności przed snem.
- Bądź elastycznością: Bądź gotowy dostosować się do zmian w harmonogramach lub planach, jeśli zajdzie taka potrzeba.
- Wspieranie wzajemnych celów: Zachęcajcie się nawzajem do osiągania celów, zarówno osobistych, jak i zawodowych.
- Zadbaj o swoje zdrowie fizyczne, emocjonalne i psychiczne, aby lepiej wspierać swoje dzieci.

Pamiętaj, że opieka rodzicielska wymaga wysiłku, cierpliwości i zaangażowania obojga rodziców. Działając zgodnie z tymi wskazówkami, możecie lepiej współpracować na rzecz wychowania szczęśliwych, zdrowych dzieci.

Moje zapiski

DATA: ....

Kochany pamiętniku,

MYŚLI O DNIU:

LISTA ZADAŃ DO WYKONANIA:

PLAN AKCJI:

MYŚLI KOŃCZĄCE:

Rozdział 3: Przywracanie tożsamości i celu

- Odkryj nowe zainteresowania i hobby, żeby odkryć swoje pasje.
- Udoskonal swoje umiejętności albo rozpocznij nową ścieżkę zawodową.
- Skup się na rozwoju osobistym i doskonaleniu siebie.

Moje zapiski

DATA: ....

Kochany pamiętniku,

MYŚLI O DNIU:

LISTA ZADAŃ DO WYKONANIA:

PLAN AKCJI:

MYŚLI KOŃCZĄCE:

Odkrycie ponowne swojej tożsamości:

Wyjdź z cienia swojej poprzedniej relacji i odkryj na nowo, kim jesteś poza nią – możesz osiągnąć o wiele więcej, niż kiedykolwiek myślałeś, że to możliwe.

Ćwiczenia:

- Stwórz listę zajęć, które sprawiały Ci radość przed rozwodem i które nadal sprawiają Ci radość (np. hobby, sport, zajęcia twórcze).

- Zaplanuj jedno z tych wydarzeń w swoim kalendarzu na nadchodzący tydzień.

Moje zapiski

DATA: ....

Kochany pamiętniku,

MYŚLI O DNIU:

LISTA ZADAŃ DO WYKONANIA:

PLAN AKCJI:

MYŚLI KOŃCZĄCE:

Powrót kariery

Skorzystaj z okazji, aby na nowo rozpalić swoją pasję do kariery lub odkryć nowe możliwości - masz moc, aby stworzyć satysfakcjonujące życie zawodowe.

Ćwiczenia:

- Zaktualizuj swoje CV, profil na LinkedIn lub portfolio online, aby odzwierciedlały Twoje obecne umiejętności i doświadczenie.

Znajdź lokalne kursy lub warsztaty, które pomogą Ci rozwijać nowe umiejętności lub wybrać nową ścieżkę zawodową.

Moje zapiski

DATA: ....

Kochany pamiętniku,

MYŚLI O DNIU:

LISTA ZADAŃ DO WYKONANIA:

PLAN AKCJI:

MYŚLI KOŃCZĄCE:

Odbudowa poczucia własnej wartości:

Pamiętaj, że Twoja wartość nie zależy od statusu związku – skup się na budowaniu silnego poczucia własnej wartości i obserwuj, jak rośnie Twoja pewność siebie.

Ćwiczenia:

- Napisz trzy rzeczy, z których jesteś zadowolony, że osiągnąłeś od czasu rozwodu (bez względu na to, jak małe mogą się wydawać).

- Codziennie powtarzaj pozytywne zdania, skupiając się na współczuciu dla siebie i poczuciu własnej wartości.

M o j e z a p i s k i

DATA: ....

Kochany pamiętniku,

MYŚLI O DNIU:

LISTA ZADAŃ DO WYKONANIA:

PLAN AKCJI:

MYŚLI KOŃCZĄCE:

Pamiętaj, aby regularnie powtarzać sobie te słowa afirmacji, zwłaszcza gdy czujesz się zestresowany lub niepewny swojej wartości. Wypowiedz je na głos z przekonaniem, zapisz je w dzienniku, a nawet utwórz przypomnienie w telefonie.

Pamiętaj, że miłość do samej siebie to podróż i dobrze jest robić krok po kroku.

Bądź cierpliwa, miła i współczująca dla siebie, gdy pracujesz nad budowaniem umiejętności kochania siebie.

Powtarzaj za mną:

"Kocham i akceptuję siebie taką, jaką jestem".

DATA: ....

Kochany pamiętniku,

MYŚLI O DNIU:

LISTA ZADAŃ DO WYKONANIA:

PLAN AKCJI:

MYŚLI KOŃCZĄCE:

Oto 25 afirmacji miłości własnej, które przypomną Ci o Twojej wartości:

1. Jestem wystarczająca, taka jaka jestem.
2. Ufam sobie i swoim umiejętnościom.
3. Jestem godna miłości, troski i szacunku - od siebie i innych.
4. Uwalniam wszystkie negatywne myśli na swój temat i zastępuję je miłymi słowami.
5. Jestem silna, zdolna i odporna.
6. Jestem piękna wewnątrz i na zewnątrz.
7. Moje myśli i uczucia są ważne i istotne.
8. Zasługuję na uwagę i bycie wysłuchanym.
9. Nie definiują mnie moje błędy lub porażki.
10. Jestem wyjątkową i wartościową osobą.
11. Skupiam się na swoich mocnych stronach i osiągnięciach.
12. Jestem dla siebie łagodna, gdy popełniam błędy.
13. Ufam swoim instynktom i słucham swojego wewnętrznego głosu.
14. Celebruję swoje sukcesy i osiągnięcia.
15. Jestem godna przebaczenia - sobie i innym.
16. Moje ciało jest świątynią i dbam o nie z życzliwością.
17. Jestem dumna z tego, kim jestem i dokąd zmierzam.
18. Uwalniam się od wstydu i poczucia winy, które mnie powstrzymują.
19. Codziennie stawiam na pierwszym miejscu troskę o siebie i współczucie dla siebie.
20. Ufam, że wszystko działa na moją korzyść.
21. Moja wartość nie jest definiowana przez mój wygląd lub kształt ciała.
22. Skupiam się na chwili obecnej i odpuszczam martwienie się o przyszłość lub przeszłość.
23. Jestem w trakcie procesu zmiany i to jest w porządku.
24. Celebruję swoje dziwactwa i niedoskonałości - czynią mnie wyjątkowym.
25. Zasługuję na miłość, radość i szczęście - zawsze.

DATA: ....

Kochany pamiętniku,

MYŚLI O DNIU:

LISTA ZADAŃ DO WYKONANIA:

PLAN AKCJI:

MYŚLI KOŃCZĄCE:

Oto kilka dodatkowych wskazówek, jak odnaleźć swoją tożsamość po rozwodzie:

Odkryj swoje pasje:

- Ożyw stare zainteresowania lub hobby, którymi cieszyłeś się przed ślubem.
- Spróbuj nowych rzeczy: Odkrywaj nowe zajęcia, aktywności lub warsztaty, aby odkryć nowe pasje i zainteresowania.
- Dołącz do klubu lub grupy: Znajdź klub książki, drużynę sportową lub grupę wolontariuszy, która pasuje do Twoich zainteresowań.

Moje zapiski

DATA: ....

Kochany pamiętniku,

MYŚLI O DNIU:

LISTA ZADAŃ DO WYKONANIA:

PLAN AKCJI:

MYŚLI KOŃCZĄCE:

Skup się na rozwoju osobistym.

- Weź udział w kursach lub zajęciach online: Zainwestuj w kursy rozwoju osobistego, takie jak gotowanie, fotografowanie lub pisanie.
- Przeczytaj książki o samopomocy: Przeczytaj książki o rozwoju osobistym, relacjach i samodoskonaleniu.
- Praktykuj uważność i autorefleksję: Regularnie zastanawiaj się nad swoimi myślami, uczuciami i działaniami, aby uzyskać wgląd i zrozumienie.

Moje zapiski

DATA: ....

Kochany pamiętniku,

MYŚLI O DNIU:

LISTA ZADAŃ DO WYKONANIA:

PLAN AKCJI:

MYŚLI KOŃCZĄCE:

Odbuduj swoją sieć społecznościową.

- Odnów kontakty ze starymi znajomymi: Spotkaj się z przyjaciółmi sprzed małżeństwa lub poznaj nowych przyjaciół poprzez wspólne zajęcia.
- Weź udział w imprezach towarzyskich: Dołącz do klubów społecznościowych, idź na koncerty lub uczestnicz w wydarzeniach społecznościowych, aby poznać nowych ludzi.
- Zaangażuj się w wolontariat, aby poznawać osoby o podobnych poglądach i budować więzi.

M o j e   z a p i s k i

DATA: ....

Kochany pamiętniku,

MYŚLI O DNIU:

LISTA ZADAŃ DO WYKONANIA:

PLAN AKCJI:

MYŚLI KOŃCZĄCE:

Świętuj swoją wolność!

- Ciesz się drobnymi sukcesami: Doceniaj i świętuj swoje osiągnięcia, bez względu na to, jak małe mogą się wydawać.
- Zaakceptuj swoją niezależność: Przyjmij, że jesteś w stanie żyć niezależnie i podejmować własne decyzje.
- Pochwal się: Pokaż, że jesteś silny i odporny w tym trudnym czasie.

Pamiętaj, że ponowne odkrycie swojej tożsamości po rozwodzie wymaga czasu, cierpliwości i wysiłku. Bądź dla siebie łagodny podczas tego procesu i nie bój się szukać wsparcia, gdy go potrzebujesz.

Moje zapiski

DATA: ....

Kochany pamiętniku,

MYŚLI O DNIU:

LISTA ZADAŃ DO WYKONANIA:

PLAN AKCJI:

MYŚLI KOŃCZĄCE:

Rozdział 4: Poruszanie się w finansach i logistyce

- Stwórz plan finansowy i rozważnie gospodaruj swoimi pieniędzmi.
- Najważniejsze jest dbanie o stabilność finansową i bezpieczeństwo.
- Efektywnie zarządzaj obowiązkami domowymi i logistyką.

Moje zapiski

DATA: ....

Kochany pamiętniku,

MYŚLI O DNIU:

LISTA ZADAŃ DO WYKONANIA:

PLAN AKCJI:

MYŚLI KOŃCZĄCE:

Organizacja finansów:

Zarządzaj swoimi finansami, tworząc budżet, ustalając priorytety wydatków i podejmując mądre decyzje finansowe - możesz osiągnąć wolność finansową.

Ćwiczenia:

- Stwórz plan budżetu, aby monitorować przychody i wydatki na kolejny miesiąc.

- Znajdź obszary, gdzie możesz zaoszczędzić pieniądze i przeznaczyć je na oszczędności lub spłatę długów.

Moje zapiski

DATA: ....

Kochany pamiętniku,

MYŚLI O DNIU:

LISTA ZADAŃ DO WYKONANIA:

PLAN AKCJI:

MYŚLI KOŃCZĄCE:

Planowanie logistyczne:

Uporządkuj swoje codzienne życie, organizując zadania domowe, harmonogramy opieki nad dziećmi i inne praktyczne aspekty życia - struktura zapewnia przejrzystość.

* Ćwiczenia:

- Zorganizuj harmonogram zadań domowych, planowania posiłków i obowiązków związanych z opieką nad dziećmi na nadchodzący tydzień.

.

- Znajdź jeden obszar, gdzie możesz przekazać zadania lub poprosić o wsparcie od innych.

Moje zapiski

DATA: ....

Kochany pamiętniku,

MYŚLI O DNIU:

LISTA ZADAŃ DO WYKONANIA:

PLAN AKCJI:

MYŚLI KOŃCZĄCE:

Porządkowanie w domu

Przekształć swoją przestrzeń życiową w spokojne sanktuarium poprzez uporządkowanie, zmniejszenie lub zmianę aranżacji otoczenia - uporządkowana przestrzeń = uporządkowany umysł.

Ćwiczenie:

Uporządkuj jeden obszar swojego domu (np. szafę, szufladę), oddając lub poddając recyklingowi przedmioty, których już nie potrzebujesz.

- Stwórz w swoim domu specjalne "miejsce startowe" na ważne dokumenty i często używane przedmioty.

Moje zapiski

DATA: ....

Kochany pamiętniku,

MYŚLI O DNIU:

LISTA ZADAŃ DO WYKONANIA:

PLAN AKCJI:

MYŚLI KOŃCZĄCE:

Oto kilka dodatkowych wskazówek, jak sobie poradzić z finansami i logistyką po rozwodzie:

Finanse:

- Stwórz plan finansowy: Przygotuj realistyczny plan finansowy uwzględniający Twój nowy styl życia singla.
- Skup się na podstawowych potrzebach, takich jak mieszkanie, żywność i media, zanim zajmiesz się pragnieniami.
- Skonsoliduj długi: Rozważ scalenie zadłużenia o wysokim oprocentowaniu z nisko oprocentowanymi pożyczkami lub kartami kredytowymi.
- Utwórz rezerwę awaryjną: Postaraj się o wydatki na życie na 3-6 miesięcy na łatwo dostępnym koncie oszczędnościowym.
- Zaktualizuj zakres ubezpieczenia: Dostosuj swoje polisy ubezpieczeniowe zdrowotne, samochodowe i domowe do swojego nowego statusu singla.
- Rozważ skorzystanie z pomocy doradcy finansowego: Skorzystaj z profesjonalnej porady, która pomoże Ci w podejmowaniu złożonych decyzji finansowych.
- Zaplanuj swoje podatki: Porozmawiaj z doradcą podatkowym, aby zrozumieć, jak rozwód może wpłynąć na Twoją sytuację podatkową.

Moje zapiski

DATA: ....

Kochany pamiętniku,

MYŚLI O DNIU:

LISTA ZADAŃ DO WYKONANIA:

PLAN AKCJI:

MYŚLI KOŃCZĄCE:

Logistyka:

- Zaktualizuj swój adres: Poinformuj pocztę , banki, firmy obsługujące karty kredytowe i inne odpowiednie instytucje o zmianie adresu.
- Podziel przedmioty domowe: Zdecyduj, kto otrzyma jakie przedmioty, lub rozważ sprzedaż lub przechowywanie przedmiotów, których już nie potrzebujesz.
- Przenieś media i usługi: Zaktualizuj konta mediów tylko w swoim imieniu lub przenieś usługi do nowego domu.
- Zaktualizuj oznaczenia beneficjentów dla polis ubezpieczeniowych na życie, kont emerytalnych i innych aktywów.
- Zaplanuj przeprowadzkę: Możesz skorzystać z usług profesjonalnej firmy przeprowadzkowej lub poprosić bliskich o wsparcie.
- Zmień swoją rutynę: Dostosuj swoje codzienne nawyki do nowej sytuacji życiowej i harmonogramu.
- Zachowuj ważne dokumenty w porządku: Uporządkuj ważne dokumenty, takie jak dowód osobisty, polisy ubezpieczeniowe i dokumentacja finansowa, aby były zorganizowane i łatwo dostępne.

Moje zapiski

DATA: ....

Kochany pamiętniku,

MYŚLI O DNIU:

LISTA ZADAŃ DO WYKONANIA:

PLAN AKCJI:

MYŚLI KOŃCZĄCE:

Technologie i konta online:

- Zaktualizuj hasła i konta: Zmień hasła i zaktualizuj informacje o koncie dla wszystkich usług online, takich jak poczta e-mail, media społecznościowe i platformy streamingowe.
- Przenieś współdzielone konta internetowe: Przenieś współdzielone konta online, takie jak usługi internetu lub konta bankowe, tylko na nazwisko jednej osoby.
- Odłącz wspólne urządzenia: Wyłącz wspólne urządzenia z Twoich kont lub przenieś je na konta indywidualne.

Pamiętaj o utrzymaniu porządku, określeniu priorytetów swoich potrzeb i wykazaniu cierpliwości w tym okresie przejściowym.

M o j e   z a p i s k i

DATA: ....

Kochany pamiętniku,

MYŚLI O DNIU:

LISTA ZADAŃ DO WYKONANIA:

PLAN AKCJI:

MYŚLI KOŃCZĄCE:

Rozdział 5: Postęp z dziećmi

- Dbaj o dobre relacje z dziećmi.
- Wspieraj dobre samopoczucie emocjonalne twoich dzieci.
- Wspieraj otwartą komunikację z dziećmi.

Moje zapiski

DATA: ....

Kochany pamiętniku,

MYŚLI O DNIU:

LISTA ZADAŃ DO WYKONANIA:

PLAN AKCJI:

MYŚLI KOŃCZĄCE:

Wychowanie po rozwodzie:

Jako rodzic nie chodzi o doskonałość – chodzi o obecność, miłość i wsparcie; postaw swoje relacje z dziećmi na pierwszym miejscu.

Ćwiczenia:

- Zapisz trzy sposoby, w jaki możesz priorytetowo traktować potrzeby swoich dzieci w nadchodzących tygodniach (np. czas poświęcony na wartościowe zajęcia, wsparcie emocjonalne).

Znajdź jedną skuteczną strategię rodzicielską i zaplanuj, jak możesz ją kontynuować.

Moje zapiski

DATA: ....

Kochany pamiętniku,

MYŚLI O DNIU:

LISTA ZADAŃ DO WYKONANIA:

PLAN AKCJI:

MYŚLI KOŃCZĄCE:

Wsparcie emocjonalne dla dzieci

"Wsłuchuj się w uczucia swoich dzieci, doceniaj ich emocje i dodawaj im otuchy - potrzebują stabilności i spójności w tym trudnym czasie".

Ćwiczenie:

Przeprowadź otwartą rozmowę z dzieckiem na temat jego uczuć i obaw związanych z rozwodem.

- Stwórz "słoik uczuć", gdzie Twoje dziecko może wyrazić swoje emocje bez oceniania.

M o j e   z a p i s k i

DATA: ....

Kochany pamiętniku,

MYŚLI O DNIU:

LISTA ZADAŃ DO WYKONANIA:

PLAN AKCJI:

MYŚLI KOŃCZĄCE:

Wspólne rodzicielstwo z byłym partnerem (ponownie):

Pamiętaj, że wspólne rodzicielstwo nie polega tylko na dogadywaniu się z byłym – to na tworzeniu pozytywnego środowiska dla dzieci; do każdej interakcji podchodź z otwartym sercem.

* Ćwiczenia:

- Zapisz trzy konkretnych sposobów, w jakie chcesz poprawić komunikację ze swoim byłym w sprawie decyzji rodzicielskich.

- Ćwicz uważne słuchanie podczas rozmowy z byłym partnerem na temat kwestii rodzicielskich.

Moje zapiski

DATA: ....

Kochany pamiętniku,

MYŚLI O DNIU:

LISTA ZADAŃ DO WYKONANIA:

PLAN AKCJI:

MYŚLI KOŃCZĄCE:

Oto kilka dodatkowych wskazówek dotyczących rodzicielstwa po rozwodzie i dalszego wychowywania dzieci:

Rozmawianie ze swoim byłym:

- Określ wyraźne granice: ustal wyraźne granice i protokoły komunikacji, aby zminimalizować konflikty i nieporozumienia.
- Zaplanuj regularne aktualizacje dotyczące harmonogramu, zajęć i potrzeb Twojego dziecka, aby mieć pewność, że oboje rodzice są na bieżąco.
- Korzystaj z technologii na swoją korzyść: używaj komunikatorów, poczty e-mail lub współdzielonych kalendarzy, aby utrzymać kontakt i koordynować działania.
- Daj pierwszeństwo wspólnemu podejmowaniu decyzji: Zaangażuj obu rodziców w procesy decyzyjne dotyczące edukacji Twojego dziecka, opieki zdrowotnej i zajęć pozalekcyjnych.

M o j e   z a p i s k i

DATA: ....

Kochany pamiętniku,

MYŚLI O DNIU:

LISTA ZADAŃ DO WYKONANIA:

PLAN AKCJI:

MYŚLI KOŃCZĄCE:

Współrodzicielstwo strategii:

- Dołącz do grup współrodzicielskich lub grup wsparcia, aby poznać innych współrodziców, którzy mieli podobne doświadczenia.
- Podziel obowiązki sprawiedliwie: podziel obowiązki domowe i opiekę nad dziećmi w sprawiedliwy sposób, aby zmniejszyć stres i promować poczucie równowagi.
- Stwórz współdzielony kalendarz, aby śledzić harmonogramy, spotkania i ważne daty.
- Okazuj szacunek i uprzejmość: Traktujcie się nawzajem z szacunkiem i uprzejmością, nawet jeśli nie jesteście już w romantycznym związku.

M o j e   z a p i s k i

DATA: ....

Kochany pamiętniku,

MYŚLI O DNIU:

LISTA ZADAŃ DO WYKONANIA:

PLAN AKCJI:

MYŚLI KOŃCZĄCE:

Wsparcie potrzeb Twojego dziecka:

- Zachowuj konsekwencję: Zachowuj spójność w dyscyplinie, rutynie i oczekiwaniach, aby zapewnić dziecku stabilność.
- Rozmowa otwarta: Zachęcaj do rozmowy z dzieckiem na temat jego uczuć, obaw i potrzeb.
- Zapewnij wsparcie emocjonalne: Oferuj wsparcie emocjonalne i potwierdzenie, aby pomóc dziecku przetworzyć emocje i dostosować się do nowej sytuacji.
- Monitorowanie zdrowia psychicznego: Sprawdzaj zdrowie psychiczne swojego dziecka i szukaj profesjonalnej pomocy, jeśli nie radzi sobie z rozwodem.

M o j e   z a p i s k i

DATA: ....

Kochany pamiętniku,

MYŚLI O DNIU:

LISTA ZADAŃ DO WYKONANIA:

PLAN AKCJI:

MYŚLI KOŃCZĄCE:

Chodźmy dalej:

- Skup się na teraźniejszości: Skup się na obecnym momencie i określ priorytety najważniejszych potrzeb dziecka, zamiast rozmyślać o konfliktach i urazach z przeszłości.
- Ćwicz przebaczanie: Ćwicz przebaczanie sobie, swojemu byłemu partnerowi i dziecku za wszelkie postrzegane krzywdy i zranienia.
- Twórz nowe tradycje: Twórz nowe tradycje i wspomnienia ze swoim dzieckiem, aby pomóc mu czuć się bezpiecznie i kochanym w nowej rzeczywistości.
- Świętuj ważne wydarzenia: Upamiętnij ważne chwile, takie jak urodziny i święta, aby związane były z pozytywnymi wspomnieniami.

Pamiętaj, że każda rodzina jest wyjątkowa i to, co sprawdza się w przypadku jednej rodziny, może nie działać w przypadku innej. Bądź cierpliwy, elastyczny i chętny do adaptacji, przechodząc przez ten nowy rozdział w swoim życiu jako współrodzic.

Moje zapiski

DATA: ....

Kochany pamiętniku,

MYŚLI O DNIU:

LISTA ZADAŃ DO WYKONANIA:

PLAN AKCJI:

MYŚLI KOŃCZĄCE:

Drogi pamiętniku,

Dzień 365: Rok rozwoju i refleksji

Trudno uwierzyć, że minął już rok odkąd założyłam ten dziennik. Tak wiele się zmieniło, a jednocześnie tak wiele pozostało takie samo. Wspomnienia z mojego dawnego życia wciąż są żywe, ale nauczyłam się je pielęgnować w nowym świetle.

Zastanawiając się nad minionym rokiem, jestem zaskoczona tym, jak daleko zaszłam. Przeszłam przez wzloty i upadki wspólnego rodzicielstwa, nauczyłam się wyznaczać granice i odkryłam nowe sposoby na priorytetowe traktowanie własnego dobrego samopoczucia. Nie było łatwo, ale było warto.

Dziś patrzę wstecz na trudności i zwycięstwa, łzy i śmiech. Myślę o ludziach, którzy wspierali mnie po drodze - przyjaciołach, rodzinie, a nawet nieznajomych, którzy dzielili się swoimi historiami i słowami otuchy.

Kiedy zamykam ten dziennik po raz ostatni, zdaję sobie sprawę, że ta podróż nauczyła mnie najcenniejszej lekcji: że wytrwałość to nie brak zmagań, ale umiejętność wzniesienia się ponad nie.

Refleksje na ten rok:
- Jakie są moje największe osiągnięcia w minionym roku?
- Z czego jestem najbardziej dumna?
- Czego się o sobie dowiedziałaś?

Lista rzeczy do zrobienia:
Świętować moje postępy z bliskimi.
Nadal stawiać na pierwszym miejscu dbanie o siebie i miłość do siebie.
Rozpocząć planowanie nowego rozdziału w moim życiu - niezależnie od tego, czy będzie to nowa kariera, nowy związek, czy po prostu nowe poczucie celu.

Plan akcji:
Jutro poświęcę chwilę na uznanie mojego rozwoju i świętowanie moich osiągnięć. Spojrzę w przyszłość z nadzieją i ekscytacją, wiedząc, że cokolwiek nadejdzie, będzie dla mnie okazją do nauki i rozwoju.

Przemyślenia końcowe:

Zamykając ten dziennik po raz ostatni, jestem przepełniona wdzięcznością za tę przestrzeń, w której wylałam swoje serce i duszę. Ta podróż była trudna, ale także przekształcająca. Wkraczając w nowy rozdział, wiem, że dzięki niej jestem silniejsza, mądrzejsza i bardziej współczująca.
Dziękuję, że dołączyłeś do mnie w tej podróży.
Oby nasze drogi jeszcze kiedyś się skrzyżowały.

Żegnaj,
Agatinii

Najważniejsze w życiu nie jest to, żeby nigdy nie upaść, ale to, żeby zawsze podnosić się po każdym upadku.
- NELSON MANDELA

Moje zapiski

MIESIĘCZNE PLANOWANIE BUDŻETU

Kwota budżetu: _______________________   Miesiąc: _______________________

Dochód

Data	Opis	Kwota
Całkowity		

Wydatki stałe

Data	Opis	Kwota
Całkowity		

Pozostałe wydatki

Data	Opis	Kwota
Całkowity		

Rachunki

Data	Opis	Kwota
Całkowity		

Podsumowanie

	Bramka	Rzeczywisty	Różnica
Zarobione			
Wydane			
Dług			
Oszczędzone			

MIESIĘCZNE PLANOWANIE BUDŻETU

Kwota budżetu: _______________________   Miesiąc: _______________________

Dochód

Data	Opis	Kwota
Całkowity		

Wydatki stałe

Data	Opis	Kwota
Całkowity		

Pozostałe wydatki

Data	Opis	Kwota
Całkowity		

Rachunki

Data	Opis	Kwota
Całkowity		

Podsumowanie

	Bramka	Rzeczywisty	Różnica
Zarobione			
Wydane			
Dług			
Oszczędzone			

MIESIĘCZNE PLANOWANIE BUDŻETU

Kwota budżetu: _______________________   Miesiąc: _______________________

Dochód

Data	Opis	Kwota
Całkowity		

Wydatki stałe

Data	Opis	Kwota
Całkowity		

Pozostałe wydatki

Data	Opis	Kwota
Całkowity		

Rachunki

Data	Opis	Kwota
Całkowity		

Podsumowanie

	Bramka	Rzeczywisty	Różnica
Zarobione			
Wydane			
Dług			
Oszczędzone			

MIESIĘCZNE PLANOWANIE BUDŻETU

Kwota budżetu: _________________   Miesiąc: _________________

Dochód

Data	Opis	Kwota
Całkowity		

Wydatki stałe

Data	Opis	Kwota
Całkowity		

Pozostałe wydatki

Data	Opis	Kwota
Całkowity		

Rachunki

Data	Opis	Kwota
Całkowity		

Podsumowanie

	Bramka	Rzeczywisty	Różnica
Zarobione			
Wydane			
Dług			
Oszczędzone			

MIESIĘCZNE PLANOWANIE BUDŻETU

Kwota budżetu: ___________________   Miesiąc: ___________________

Dochód

Data	Opis	Kwota
Całkowity		

Wydatki stałe

Data	Opis	Kwota
Całkowity		

Pozostałe wydatki

Data	Opis	Kwota
Całkowity		

Rachunki

Data	Opis	Kwota
Całkowity		

Podsumowanie

	Bramka	Rzeczywisty	Różnica
Zarobione			
Wydane			
Dług			
Oszczędzone			

MIESIĘCZNE PLANOWANIE BUDŻETU

Kwota budżetu: _______________   Miesiąc: _______________

Dochód

Data	Opis	Kwota
Całkowity		

Wydatki stałe

Data	Opis	Kwota
Całkowity		

Pozostałe wydatki

Data	Opis	Kwota
Całkowity		

Rachunki

Data	Opis	Kwota
Całkowity		

Podsumowanie

	Bramka	Rzeczywisty	Różnica
Zarobione			
Wydane			
Dług			
Oszczędzone			

MIESIĘCZNE PLANOWANIE BUDŻETU

Kwota budżetu: _______________   Miesiąc: _______________

Dochód

Data	Opis	Kwota
Całkowity		

Wydatki stałe

Data	Opis	Kwota
Całkowity		

Pozostałe wydatki

Data	Opis	Kwota
Całkowity		

Rachunki

Data	Opis	Kwota
Całkowity		

Podsumowanie

	Bramka	Rzeczywisty	Różnica
Zarobione			
Wydane			
Dług			
Oszczędzone			

MIESIĘCZNE PLANOWANIE BUDŻETU

Kwota budżetu: ______________________   Miesiąc: ______________________

Dochód

Data	Opis	Kwota
Całkowity		

Wydatki stałe

Data	Opis	Kwota
Całkowity		

Pozostałe wydatki

Data	Opis	Kwota
Całkowity		

Rachunki

Data	Opis	Kwota
Całkowity		

Podsumowanie

	Bramka	Rzeczywisty	Różnica
Zarobione			
Wydane			
Dług			
Oszczędzone			

MIESIĘCZNE PLANOWANIE BUDŻETU

Kwota budżetu: _______________________   Miesiąc: _______________________

Dochód

Data	Opis	Kwota
Całkowity		

Wydatki stałe

Data	Opis	Kwota
Całkowity		

Pozostałe wydatki

Data	Opis	Kwota
Całkowity		

Rachunki

Data	Opis	Kwota
Całkowity		

Podsumowanie

	Bramka	Rzeczywisty	Różnica
Zarobione			
Wydane			
Dług			
Oszczędzone			

MIESIĘCZNE PLANOWANIE BUDŻETU

Kwota budżetu: __________________   Miesiąc: __________________

Dochód

Data	Opis	Kwota
Całkowity		

Wydatki stałe

Data	Opis	Kwota
Całkowity		

Pozostałe wydatki

Data	Opis	Kwota
Całkowity		

Rachunki

Data	Opis	Kwota
Całkowity		

Podsumowanie

	Bramka	Rzeczywisty	Różnica
Zarobione			
Wydane			
Dług			
Oszczędzone			

MIESIĘCZNE PLANOWANIE BUDŻETU

Kwota budżetu: _______________________   Miesiąc: _______________________

Dochód

Data	Opis	Kwota
Całkowity		

Wydatki stałe

Data	Opis	Kwota
Całkowity		

Pozostałe wydatki

Data	Opis	Kwota
Całkowity		

Rachunki

Data	Opis	Kwota
Całkowity		

Podsumowanie

	Bramka	Rzeczywisty	Różnica
Zarobione			
Wydane			
Dług			
Oszczędzone			

MIESIĘCZNE PLANOWANIE BUDŻETU

Kwota budżetu: _________________________   Miesiąc: _________________________

Dochód

Data	Opis	Kwota
Całkowity		

Wydatki stałe

Data	Opis	Kwota
Całkowity		

Pozostałe wydatki

Data	Opis	Kwota
Całkowity		

Rachunki

Data	Opis	Kwota
Całkowity		

Podsumowanie

	Bramka	Rzeczywisty	Różnica
Zarobione			
Wydane			
Dług			
Oszczędzone			

Zadania tygodniowe

PONIEDZIAŁEK

WTOREK

ŚRODA

CZWARTEK

PIĄTEK

SOBOTA

NIEDZIELA

NOTATKI

Zadania tygodniowe

PONIEDZIAŁEK

WTOREK

ŚRODA

CZWARTEK

PIĄTEK

SOBOTA

NIEDZIELA

NOTATKI

Zadania tygodniowe

PONIEDZIAŁEK

WTOREK

ŚRODA

CZWARTEK

PIĄTEK

SOBOTA

NIEDZIELA

NOTATKI

Zadania tygodniowe

PONIEDZIAŁEK

WTOREK

ŚRODA

CZWARTEK

PIĄTEK

SOBOTA

NIEDZIELA

NOTATKI

Zadania tygodniowe

PONIEDZIAŁEK

WTOREK

ŚRODA

CZWARTEK

PIĄTEK

SOBOTA

NIEDZIELA

NOTATKI

Zadania tygodniowe

PONIEDZIAŁEK

WTOREK

ŚRODA

CZWARTEK

PIĄTEK

SOBOTA

NIEDZIELA

NOTATKI

Zadania tygodniowe

PONIEDZIAŁEK

WTOREK

ŚRODA

CZWARTEK

PIĄTEK

SOBOTA

NIEDZIELA

NOTATKI

Zadania tygodniowe

PONIEDZIAŁEK

WTOREK

ŚRODA

CZWARTEK

PIĄTEK

SOBOTA

NIEDZIELA

NOTATKI

Zadania tygodniowe

PONIEDZIAŁEK

WTOREK

ŚRODA

CZWARTEK

PIĄTEK

SOBOTA

NIEDZIELA

NOTATKI

Zadania tygodniowe

PONIEDZIAŁEK

WTOREK

ŚRODA

CZWARTEK

PIĄTEK

SOBOTA

NIEDZIELA

NOTATKI

Zadania tygodniowe

PONIEDZIAŁEK

WTOREK

ŚRODA

CZWARTEK

PIĄTEK

SOBOTA

NIEDZIELA

NOTATKI

Zadania tygodniowe

PONIEDZIAŁEK

WTOREK

ŚRODA

CZWARTEK

PIĄTEK

SOBOTA

NIEDZIELA

NOTATKI

Zadania tygodniowe

PONIEDZIAŁEK

WTOREK

ŚRODA

CZWARTEK

PIĄTEK

SOBOTA

NIEDZIELA

NOTATKI

Zadania tygodniowe

PONIEDZIAŁEK

WTOREK

ŚRODA

CZWARTEK

PIĄTEK

SOBOTA

NIEDZIELA

NOTATKI

Zadania tygodniowe

PONIEDZIAŁEK

WTOREK

ŚRODA

CZWARTEK

PIĄTEK

SOBOTA

NIEDZIELA

NOTATKI

Zadania tygodniowe

PONIEDZIAŁEK

WTOREK

ŚRODA

CZWARTEK

PIĄTEK

SOBOTA

NIEDZIELA

NOTATKI

Zadania tygodniowe

PONIEDZIAŁEK

WTOREK

ŚRODA

CZWARTEK

PIĄTEK

SOBOTA

NIEDZIELA

NOTATKI

Zadania tygodniowe

PONIEDZIAŁEK

WTOREK

ŚRODA

CZWARTEK

PIĄTEK

SOBOTA

NIEDZIELA

NOTATKI

Zadania tygodniowe

PONIEDZIAŁEK

WTOREK

ŚRODA

CZWARTEK

PIĄTEK

SOBOTA

NIEDZIELA

NOTATKI

Zadania tygodniowe

PONIEDZIAŁEK

WTOREK

ŚRODA

CZWARTEK

PIĄTEK

SOBOTA

NIEDZIELA

NOTATKI

Zadania tygodniowe

PONIEDZIAŁEK

WTOREK

ŚRODA

CZWARTEK

PIĄTEK

SOBOTA

NIEDZIELA

NOTATKI

Zadania tygodniowe

PONIEDZIAŁEK

WTOREK

ŚRODA

CZWARTEK

PIĄTEK

SOBOTA

NIEDZIELA

NOTATKI

Zadania tygodniowe

PONIEDZIAŁEK

WTOREK

ŚRODA

CZWARTEK

PIĄTEK

SOBOTA

NIEDZIELA

NOTATKI

Zadania tygodniowe

PONIEDZIAŁEK

WTOREK

ŚRODA

CZWARTEK

PIĄTEK

SOBOTA

NIEDZIELA

NOTATKI

Zadania tygodniowe

PONIEDZIAŁEK

WTOREK

ŚRODA

CZWARTEK

PIĄTEK

SOBOTA

NIEDZIELA

NOTATKI

Zadania tygodniowe

PONIEDZIAŁEK

WTOREK

ŚRODA

CZWARTEK

PIĄTEK

SOBOTA

NIEDZIELA

NOTATKI

Zadania tygodniowe

PONIEDZIAŁEK

WTOREK

ŚRODA

CZWARTEK

PIĄTEK

SOBOTA

NIEDZIELA

NOTATKI

Zadania tygodniowe

PONIEDZIAŁEK

WTOREK

ŚRODA

CZWARTEK

PIĄTEK

SOBOTA

NIEDZIELA

**NOTATKI

Zadania tygodniowe

PONIEDZIAŁEK

WTOREK

ŚRODA

CZWARTEK

PIĄTEK

SOBOTA

NIEDZIELA

NOTATKI

Zadania tygodniowe

PONIEDZIAŁEK

WTOREK

ŚRODA

CZWARTEK

PIĄTEK

SOBOTA

NIEDZIELA

NOTATKI

Zadania tygodniowe

PONIEDZIAŁEK

WTOREK

ŚRODA

CZWARTEK

PIĄTEK

SOBOTA

NIEDZIELA

NOTATKI

Zadania tygodniowe

PONIEDZIAŁEK

WTOREK

ŚRODA

CZWARTEK

PIĄTEK

SOBOTA

NIEDZIELA

NOTATKI

Zadania tygodniowe

PONIEDZIAŁEK

WTOREK

ŚRODA

CZWARTEK

PIĄTEK

SOBOTA

NIEDZIELA

NOTATKI

Zadania tygodniowe

PONIEDZIAŁEK

WTOREK

ŚRODA

CZWARTEK

PIĄTEK

SOBOTA

NIEDZIELA

NOTATKI

Zadania tygodniowe

PONIEDZIAŁEK

WTOREK

ŚRODA

CZWARTEK

PIĄTEK

SOBOTA

NIEDZIELA

NOTATKI

Zadania tygodniowe

PONIEDZIAŁEK

WTOREK

ŚRODA

CZWARTEK

PIĄTEK

SOBOTA

NIEDZIELA

NOTATKI

Zadania tygodniowe

PONIEDZIAŁEK

WTOREK

ŚRODA

CZWARTEK

PIĄTEK

SOBOTA

NIEDZIELA

NOTATKI

Zadania tygodniowe

PONIEDZIAŁEK

WTOREK

ŚRODA

CZWARTEK

PIĄTEK

SOBOTA

NIEDZIELA

NOTATKI

Zadania tygodniowe

PONIEDZIAŁEK

WTOREK

ŚRODA

CZWARTEK

PIĄTEK

SOBOTA

NIEDZIELA

NOTATKI

Zadania tygodniowe

PONIEDZIAŁEK

WTOREK

ŚRODA

CZWARTEK

PIĄTEK

SOBOTA

NIEDZIELA

NOTATKI

Zadania tygodniowe

PONIEDZIAŁEK

WTOREK

ŚRODA

CZWARTEK

PIĄTEK

SOBOTA

NIEDZIELA

NOTATKI

Zadania tygodniowe

PONIEDZIAŁEK

WTOREK

ŚRODA

CZWARTEK

PIĄTEK

SOBOTA

NIEDZIELA

NOTATKI

Zadania tygodniowe

PONIEDZIAŁEK

WTOREK

ŚRODA

CZWARTEK

PIĄTEK

SOBOTA

NIEDZIELA

NOTATKI

Zadania tygodniowe

PONIEDZIAŁEK

WTOREK

ŚRODA

CZWARTEK

PIĄTEK

SOBOTA

NIEDZIELA

NOTATKI

Zadania tygodniowe

PONIEDZIAŁEK

WTOREK

ŚRODA

CZWARTEK

PIĄTEK

SOBOTA

NIEDZIELA

NOTATKI

Moje zapiski

Moje zapiski

Moje zapiski

Moje zapiski

Moje zapiski

Moje zapiski

Moje zapiski

Moje zapiski

Moje zapiski

Moje zapiski

Moje zapiski

Moje zapiski

Moje zapiski

Moje zapiski

Moje zapiski

Moje zapiski

Moje zapiski

Moje zapiski

Moje zapiski

Moje zapiski

Moje zapiski

Moje zapiski

Moje zapiski

Moje zapiski

Moje zapiski